AF338349

NOTES

SUR LA

DICTATURE DE GAMBETTA

PAR

Arsène GOMBER

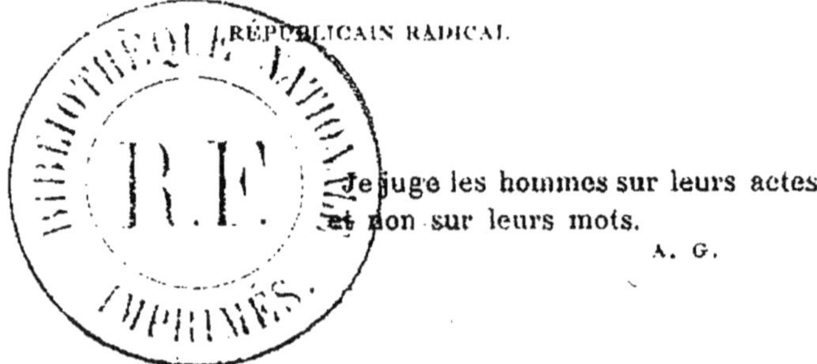

RÉPUBLICAIN RADICAL.

Je juge les hommes sur leurs actes
et non sur leurs mots.

A. G.

————◇————

ANTIBES

J. MARCHAND, IMPRIMEUR-LIBRAIRE

5, rue du Puits-Neuf, 5

—

1872

NOTES

LA DICTATURE DE GAMBETTA

PAR UN RÉPUBLICAIN RADICAL

Gambetta, qui a été pris par beaucoup de gens pour un grand homme, et pour lequel j'ai eu moi-même de l'admiration pendant un certain temps, n'a jamais été qu'un individu d'intelligence ordinaire et un vaniteux.

Dès le mois d'octobre, en suivant attentivement sa politique, je disais que c'était tout simplement un amoureux de la phrase, un homme capable de faire de beaux discours, de belles proclamations, mais incapable de faire des actes. Malheureusement, je ne disais que trop vrai : Gambetta n'a jamais eu la moindre notion exacte de ce qui se passait, il n'a pas eu une minute l'intelligence de la situation dans laquelle nous nous trouvions. Il n'a su faire ni politique républicaine, ni défense nationale; en un mot, il a été nul, absolument nul dans tous les actes de son administration. Il nous a conduits au fond du précipice dans lequel Bonaparte nous avait mis, il a consommé notre ruine, sans nous rendre le plus petit service.

Un jour, parlant avec un Russe de la situation de la

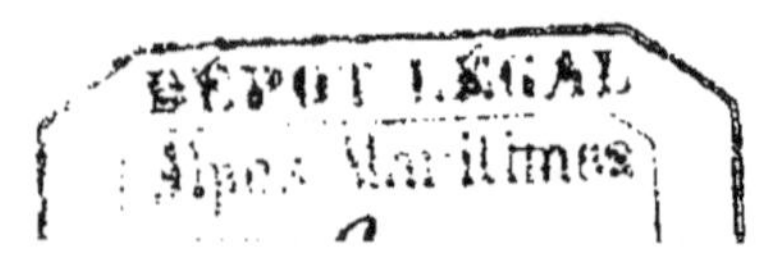

France, et naturellement de Gambetta, qui en avait accaparé la dictature, mon interlocuteur me dit : « Savez-vous comment nous, Russes, nous qualifions votre Gambetta? » Sur ma réponse négative, il me répondit : « Eh bien! nous l'appelons Grand-Bêta, et ce n'est pas autre chose ; vous vous en apercevrez bien vite, car il vous perdra complétement. » Ces mots me sont bien souvent revenus à la pensée, en assistant au spectacle inexplicable qui nous était donné par ce Cyclope. Ce propos remonte aux premiers jours de novembre de l'année 1870.

Voyons d'ailleurs ce qu'a fait Gambetta ; passons ses actes en revue.

Quand on examine froidement sa conduite, quand on sort des régions en quelque sorte éthérées dans lesquelles nous avons vécu trop longtemps, et où, pour la plupart et malheureusement pour le pays, nous vivons encore, on est frappé de stupéfaction en songeant à ce que nous avons laissé faire à Gambetta. Nous étions tombés dans l'idiotisme et lui était fou ; oui, il était fou, enivré par l'orgueil et la vanité. Il ne savait pas ce qu'il faisait ; il avait perdu et le sens moral et le sens commun, surtout le sens commun. Lui, avocat, avocat de talent, je le reconnais, mais avocat tout simplement, il s'est imaginé avoir la science infuse ; il a cru qu'il suffisait de savoir parler pour devenir instantanément, et comme par un effet magique, grand général ; et il en a pris le rôle ; oui, il s'est décrété général, et quel général encore? Tout simplement de Moltke. Il a pris le ministère de la guerre et il a commandé à tous les généraux, à tous les hommes de guerre les plus anciens.

Je veux bien admettre — je l'admets même volontiers, parce que c'est ma conviction — que tous les généraux de l'Empire sont incapables; mais un avocat ne pouvait les diriger qu'autant qu'il aurait du génie, et Gambetta était loin d'en posséder. De son cabinet, il a prétendu diriger les armées et organiser la victoire. Il a choisi quatre ou cinq jeunes ingénieurs sortant de l'école polytechnique, auxquels il faisait dresser et établir des plans topographiques et stratégiques; il annotait ces plans, y joignait ses instructions et les transmettait aux généraux, avec l'ordre exprès de les suivre exactement. Ils ne devaient, en aucune façon et sous aucun prétexte, s'en écarter. Ainsi, un militaire, ayant, après tout, fait des études passables et travaillé pendant une quarantaine d'années, devait, dans une bataille, se borner purement et simplement à exécuter le plan d'un avocat de trente-deux ans.

C'était déjà très fort; mais ce qui l'était d'avantage, c'est que Gambetta avait la prétention d'apprécier plus exactement, de l'intérieur de son cabinet, à cinquante ou deux cents lieues de distance, l'opportunité d'une attaque ou d'une défense, de telle manœuvre ou de tel mouvement, que le général qui était sur les lieux, et qui dirigeait les opérations militaires. C'était tout simplement insensé, et, je le répète, quand on réfléchit sérieusement et qu'on est en possession de son bon sens, on ne comprend pas que la nation ait pu supporter de pareils actes, et qu'il y ait eu, dans l'armée, des généraux qui se soient prêtés à leur accomplissement.

Je disais plus haut que Gambetta avait voulu, à l'instar de de Moltke, diriger les opérations de guerre

de son cabinet; mais son ambition était encore plus
élevée : il eût été indigne de lui de n'être qu'un
grand général, un grand stratégiste, il voulait encore
être un grand politique; il voulait, à lui seul, délivrer la France des Prussiens, organiser l'administration, sauver, en un mot, la France et la République. Gambetta voulait être Carnot. Seulement il
ne prenait aucune des mesures qui devaient assurer la
réalisation de son projet. Pour sauver la France et fonder la République, il fallait des actes et non pas des
mots.

Gambetta! vous vouliez être un second Carnot! Mais,
malheureux, vous ne saviez donc pas que Carnot était
un homme de génie ; tandis que vous, vous ne possé-
diez que de l'intelligence, et encore à dose pondérée.
Carnot pouvait donc organiser la victoire, parce qu'il
avait du génie, tandis qu'à vous, cela était défendu
comme le *Pater* aux ânes.

D'autre part, Carnot était militaire; il avait étudié
la stratégie, il était capitaine du génie. C'était donc un
homme du métier. En voulant l'imiter, vous nous
avez perdus; en voulant être un grand homme, vous
n'avez été qu'un singe.

Au reste, tous vos actes, toutes les mesures que
vous avez prises devaient fatalement nous conduire
à la défaite et — ce que je suis surtout en droit de
vous reprocher, moi qui suis républicain — à la perte
de la République. Au moins, si vous ne pouviez pas
nous délivrer des Prussiens, vous pouviez travailler
à l'affermissement de la République, et vous ne l'avez
pas fait. En parlant bien haut de République, vous ne
vous occupiez pas plus des républicains que s'il n'y en

avait jamais eus. Mais je vais passer vos actes en revue, tant sous le rapport de la défense nationale que sous celui de la République.

Sous le rapport de la défense nationale, on dit que Gambetta a beaucoup fait, que c'est à lui qu'est due l'armée dite de la Loire. Les défenseurs du ministre déclarent emphatiquement que s'il n'a pas été fait davantage ce n'est pas de la faute de Gambetta; cette faute doit être imputée aux hommes qui l'entouraient, et qui ne l'ont pas secondé.

Je suis disposé à reconnaître qu'en six semaines, ou plutôt deux mois, on est arrivé à former une armée dite de la Loire; mais de quels éléments cette armée était-elle composée? L'effectif en était fourni par les dépôts de la plupart des régiments de ligne, par des corps appartenant à la marine, par de l'infanterie de la même armée, par des mobiles, par les corps de Charette et de Cathelineau et par des francs-tireurs. Toutes ces troupes, de diverses provenances, formant un effectif d'environ 150 ou 180 mille hommes, ont été envoyées de différents points de la France, sur l'ordre de Gambetta.

Voilà donc l'armée de la Loire, œuvre de Gambetta, puisqu'on le veut. Mais je voudrais bien savoir pourquoi Gambetta était placé à la tête de l'administration militaire? Était-ce pour former des armées ou pour s'occuper du pape? Il a donc provoqué l'organisation d'une armée; mais quel est le ministre qui, à sa place, n'en eût pas fait autant? Les généraux de salon de Bonaparte, tout incapables qu'ils étaient, n'auraient pas eu de mal à en faire davantage. Un homme tant soit peu intelligent et énergique, pendant que Gambetta n'a pu arriver à former qu'une armée de 200 mille hommes, en composait une d'au moins 500 mille. Un homme capable, énergique, intelligent, en formait une d'un million ; enfin, un homme de génie réunissait un million 500 mille soldats. (Voir les notes ci-jointes, écrites le 27 et 28 novembre 1870.)

Que Gambetta ait fait beaucoup de circulaires, de proclamations, de discours, de décrets, il n'y a pas à le nier ; je déclare même qu'il a fait beaucoup de courses, qu'il a passé des camps en revue, qu'il a distribué des récompenses, etc. Mais je ne lui demandais pas de faire autant de phrases et autant de courses ; je ne lui demandais pas de se multiplier comme il l'a fait ; ce que j'attendais de lui, c'était de faire des actes ; en d'autres termes, de prendre de sages et importantes mesures et de les faire exécuter. Je souhaitais de le voir faire, personnellement, dix fois moins de besogne, et d'en faire exécuter cent fois plus aux hommes qu'il prenait comme coopérateurs dans la défense nationale, soit généraux, soit préfets, soit administrateurs civils et militaires. Si, au lieu de vouloir sauver la France à lui seul, l'imbécile ! il se fût entouré d'hommes intelligents et énergiques, il eût fait cent fois plus de besogne, et sa réputation n'avait qu'à y gagner.

Il ressort de ce qui précède qu'au point de vue de la défense nationale, loin d'avoir fait des merveilles, il est resté bien au-dessous du résultat que tout autre, à sa place, eût certainement atteint.

Quant aux mesures qu'il a ordonnées, je vois les suivantes :

1° Mobilisation des célibataires jusqu'à 40 ans ;

2° Mobilisation des hommes mariés de 21 à 40 ans.

Ces derniers étaient divisés en trois bans, qui devaient être appelés par catégories d'âge.

Plusieurs circulaires ronflantes ont été adressées aux préfets et aux généraux, relativement à l'exécution de ces levées. Plus tard, après avoir ordonné l'appel sous les drapeaux des hommes mariés, Gambetta revenait sur cette mesure pour en suspendre l'application, sous prétexte qu'elle provoquait un trop grand mécontentement dans la population. Je crois que le ministre avait peur des femmes! Un tel courage mérite d'être signalé chez un homme politique. Le fait de laisser chez eux les hommes mariés, et de les dispenser ainsi du service militaire, était, à plus d'un titre, très regrettable. Il établissait ainsi des catégories de privilégiés, ce qui était une cause de jalousie d'abord, et une atteinte portée au patriotisme ensuite. Chez une nation dégradée et corrompue comme l'était la nôtre, toutes les causes qui pouvaient nuire au patriotisme devaient être rigoureusement écartées. Gambetta commettait donc une lourde faute en dispensant du service militaire les hommes mariés, qui avaient tout autant d'intérêts à défendre et à sauvegarder que les garçons.

D'un autre côté, cette dispense en faveur des hommes mariés offrait le plus grand inconvénient. On sait, en effet, que nous manquions, non pas d'hommes, mais d'hommes exercés, c'est-à-dire d'anciens soldats. Or, comme on avait déjà appelé au service, parmi les célibataires, tous les anciens soldats, les hommes mariés étaient la seule pépinière où il était possible de puiser pour s'en procurer deux ou trois cent mille, même davantage. On ne l'a pas fait, par ce qu'on était incapable.

Le ministre de la guerre commettait tout à la fois une grosse faute et une injustice, en décrétant que les fonctionnaires ne quitteraient pas leurs emplois pendant la guerre. Il était impossible de prendre une mesure pouvant, davantage que celle-là, enlever le patriotisme de ceux qui en avaient, et l'empêcher de naître chez ceux qui étaient susceptibles d'en éprouver ! Comment ! on se plaint déjà de ce que les fonctionnaires qui ont aidé à nous précipiter dans l'abîme sous Bonaparte conservent leurs places, et vous venez ajouter à leurs avantages, en décidant qu'ils n'iront pas se faire tuer comme les autres citoyens ! C'est tout simplement de l'idiotisme, si ce n'est de la trahison ! C'est d'autant plus révoltant que les fonctionnaires touchaient la moitié de leur traitement pendant la durée de la guerre, et qu'ils étaient pourvus de leur emploi en rentrant dans leurs foyers. Il était difficile de faire mieux pour révolter la conscience des déshérités qui n'avaient pas mangé au budget de l'Empire, et aidé à commettre toutes les fautes qui préparaient notre ruine, soit en votant pour le plébiscite, soit en votant pour les candidatures officielles, soit en applaudissant à la déclaration de guerre.

Des mesures aussi intelligentes devaient produire leur effet; aussi a-t-on vu chaque individu s'empresser de trouver le moyen d'éviter les dangers de la guerre, soit en s'y soustrayant par une désertion, soit en ne répondant pas aux appels de mobilisation, soit en sollicitant des places dans les bureaux. L'histoire de la garde nationale mobilisée est pleine de preuves de cette nature.

L'exemption des fonctionnaires était donc injuste et

impolitique ; elle devait produire de fâcheux résultats, et c'est ce qui a eu lieu.

Le grand ministre s'est aussi montré incapable en ordonnant des conseils de révision et reconnaissant les mêmes infirmités qu'en temps ordinaire comme motifs de réforme. Jamais on ne fut plus ignare. Tout homme intelligent comprend que, lorsqu'il fallait passer sept ans sous les drapeaux, le conscrit devait être exempt de toute espèce de maladie ou d'infirmité. Cette immunité avait d'autant mieux sa raison d'être, que le nombre des jeunes gens était toujours plus considérable que ne le comportaient les exigences du recrutement. Dès lors, le choix minutieux avait sa légitimité. Mais, quand il s'agit de se procurer des soldats à n'importe quel prix, et que plus on en aura mieux cela vaudra, il ne faut pas être aussi scrupuleux. Au surplus, un défaut qui rendrait un homme impropre au service pendant sept ans peut n'avoir aucune portée quand il ne s'agit que de servir pendant deux ou trois mois. Les conseils de révision n'avaient d'ailleurs pas de raison d'être ; tous les hommes devaient être appelés et utilisés selon leurs aptitudes physiques et autres. Ainsi, les bossus, les boiteux, les estropiés pouvaient faire un excellent service dans les ateliers nationaux, pour la fabrication des fusils, des canons, des boulets, des cartouches. Les faibles de constitution étaient employés dans les bureaux ; quelques-uns étaient chargés de la manutention, de la cuisine, etc. De cette façon, tout le monde était employé, au grand profit de l'effectif et du patriotisme.

Au lieu de voir cette égalité devant la loi, nous avons vu, grâce aux protections, plus puissantes que jamais, un plus grand nombre de réformés que dans les conditions ordinaires. J'en connais, pour ma part, qui n'ont pas plus d'infirmités que moi, et qui ont été bel et bien déclarés impropres au service. Il en est dont la vue est parfaite, qui sont parvenus à se faire réformer comme myopes, parce qu'ils lisaient à peu près dans des lunettes n° 4. Cependant on savait qu'ils avaient la vue excellente et qu'ils chassaient à l'œil nu.

Dans ses circulaires et ses proclamations, Gambetta faisait sonner très haut son républicanisme, mais il en fait très peu ; et au lieu de former, comme il le disait, de jeunes généraux républicains [1], il confiait tous les commandements aux officiers supérieurs de Bonaparte.

Sous tous les rapports, Gambetta a été au-dessous de sa tâche. Non seulement il n'a pas été habile, adroit, capable, mais il a témoigné d'une ineptie qui n'a pas de nom, au point de vue de l'organisation. Les résultats sont là pour le condamner. Quand il pouvait mettre près de trois millions de soldats sous les armes, il lui a été impossible d'en réunir six cent mille, et encore ce qui a été fait l'a été par d'autres que lui et en dehors de son administration. Ainsi, les mobiles ont été appelés par le gouvernement de Bonaparte, et organisés par ses ministres et ses généraux ; les Bretons ont été rassemblés et organisés par les soins de Kératry et de ses amis ; les corps de Charrette et de Cathelineau l'ont été par ces deux hommes ; les francs-tireurs et autres corps du même genre, par les soins des

[1] Le cas du général Crémer est le seul qu'on puisse citer.

comités qui s'étaient constitués dans les départements,
en dehors de l'administration et par l'autorité privée
de quelques chefs. Gambetta avait à organiser et à
faire partir les mobilisés, et on sait que les quatre-
cinquièmes sont restés ou chez eux ou dans des camps,
où ils ne faisaient même pas l'exercice.

Une grande partie d'entre eux était appelés sous les
drapeaux, par une loi en date du 10 août; cinq mois
et demi après, c'est-à-dire à l'époque de l'armistice, il
n'y en avait pas encore cent mille en campagne. Et,
sur ce nombre, il y avait les cinquante mille Bretons
de Kératry, réunis par lui et ses amis. Le sire Gambetta n'a donc rien fait, mais absolument rien, au
point de vue de la défense nationale.

Il est démontré jusqu'à la dernière évidence que
les moyens employés par Gambetta n'ont produit aucun résultat sérieux. Donc, au point de vue de l'organisation militaire, loin de rendre des services, il a été
nuisible aux intérêts de la France, puisqu'en s'occu-
pant d'une chose au-dessus de ses forces, de sa capa-
cité, il a empêché les autres de le faire à sa place, et
de le faire avec efficacité.

En examinant sans parti pris et avec soin l'entou-
rage de Gambetta, nous devons reconnaître qu'il a
été, en effet, très mal secondé. Mais qui donc a choisi
ses coopérateurs? Ce n'est certes pas moi; lui-même
et lui seul s'est occupé de cette besogne, et il l'a faite,
comme tout le reste, assez mal. Entre autre choix,
nous voyons, en effet, que Gambetta a confié des services et des commandements importants à tous les
hommes de l'Empire. D'Aurelles de Paladines, clé-
rical bonapartiste; Lamothe-Rouge; Polhès, ce fameux

vainqueur en sous-verge de Mentana ; Detroyat, acharné plébiscitaire en 1870, ont été l'objet de l'heureux choix du grand ministre. Dans les bureaux de Tours et de Bordeaux, on ne voyait guère que des bonapartistes et des débris des autres régimes : les républicains étaient à peu près traités comme sous l'Empire.

Les préfets en faisaient autant. L'exemple est contagieux. Sous prétexte de faire de la conciliation, ils accueillaient avec une extrême bienveillance, que dis-je bienveillance? avec une cordialité incroyable les hommes de l'Empire. Cette préférence pour ces hommes avait quelque chose de révoltant. Mais ils étaient riches, ils étaient haut placés! Par leurs bassesses et leurs platitudes, ils avaient acquis de la fortune, des honneurs, des titres, des emplois plus ou moins élevés sous l'Empire, tandis que les républicains, qui ont toujours été honnêtes, étaient pauvres ; ayant toujours eu trop de dignité pour ramper, ils n'ont pas été décorés ni récompensés, de sorte qu'ils sont humbles. De semblables hères ne pouvaient pas attirer l'attention d'un ministre ni d'un préfet. Ils avaient les mains trop rouges, les ongles trop sales et trop mal nettoyés, l'habit trop mal coupé, les souliers trop gros, pour être admis dans l'intimité de Gambetta et de ses pareils! Est-ce qu'à Nice il ne s'est pas trouvé un journal qui, précisément, reprochait aux républicains d'avoir des souliers à clous, trop grossiers par conséquent pour être admis chez Marc Dufraisse? La vérité est qu'il fallait être élégant pour fréquenter ce monsieur, et Carré, Chirris, Mail étaient des types de lions. Toujours admirablement gantés et pommadés, chaussés d'élégantes bottines, ces messieurs pouvaient plaire à ce bon et pur républicain. Triste! mon Dieu! triste! Gambetta et ses aides n'ont donc pas compris que les républicains seuls pouvaient sauver la France? Elle avait été perdue par les bonapartistes, et c'est aux bonapartistes qu'ils se sont adressés pour la sauver! Une telle manière de faire se résume par un dilemme : c'était de la trahison ou de l'incapacité crasse.

Si Gambetta n'a rien fait au point de vue de la défense nationale, il faut avouer qu'il n'a pas procédé autrement en ce qui a trait à la consolidation de la République. Examinons ses actes.

Pour faire une omelette, il faut des œufs ; pour faire un civet, il faut un lièvre : voilà ce que chacun sait ; mais ce que tout le monde ne sait pas sans doute, c'est que pour faire une République il faut des républicains. Les hommes de bon sens, les hommes modestes savent cela; mais Gambetta l'ignorait ; car si, l'ayant su, il n'a pas agi en conséquence, c'est qu'il était tout bonnement et tout simplement un traître. Je veux donc admettre qu'il ne le savait pas ; son immense vanité lui avait enlevé la clairvoyance, et il voyait les choses tout de travers. Il manquait à son intelligence, comme à son visage, un œil. C'est ce qui nous a perdus, nous autres républicains sincères.

Gambetta accaparant la dictature avait de très grands devoirs à remplir. Les a-t-il remplis? A-t-il été à la hauteur de sa tâche? Non, incontestablement non. La France avait été perdue par les bonapartistes ; tout homme de bons sens savait qu'elle ne pouvait être sauvée par ceux-là mêmes qui avaient consommé sa ruine. Cependant Gambetta s'est adressé aux bonapartistes pour fonder la République. Je vais indiquer quelques-uns de ses actes.

Il a placé ses amis, des hommes opposants comme lui sous l'Empire, mais absolument dépourvus de principes. Il était de notoriété publique que Gambetta était devenu l'ami de Laurier, grâce à une intrigue assez peu honorable ; Laurier doit donc être placé à côté du ministre, bien qu'il ne soit pas républicain. Il est en conséquence pourvu d'un emploi important. La conduite de Laurier, en ce moment à Nice, prouve qu'il est au mieux avec les bonapartistes. Baragnon est doté d'une préfecture ; jamais cependant il n'avait été républicain. Marc Dufraisse lui succède, et on sait ce qu'il a fait à Nice, soit pour la défense nationale, soit pour la République. Il agissait d'ailleurs d'après les ordres de Gambetta, qui lui recommandait d'être bienveillant avec les bonapartistes. Ses procédés avec Hausmann attestent cette clémence à l'égard des hommes de ce triste règne. Les autres fonctionnaires de l'Empire recevaient auprès de lui le même accueil. En revanche, il ne se préoccupait nullement de la défense nationale.

Comme pour faire pendant à Marc Dufraisse, on lui adjoignait Carré, avec l'emploi largement rétribué de secrétaire général. La conduite de ce monsieur, a été un scandale pour tous les honnêtes gens; elle était une insulte et une provocation pour les républicains.

Il a donné de l'avancement aux gendarmes Petit-Jean et L'Herminier. Il fallait bien leur témoigner le gré qu'on leur avait d'avoir continué à aimer l'Empire. Il les récompensait donc quand la plus stricte justice lui commandait de les mettre à pied. Il nommait Sémérie, ancien sous-préfet, sous intendant militaire. Jamais on ne vit pareille provocation.

Les républicains, par contre, étaient traités ni pis, ni mieux que sous l'Empire. Pas un, dans les Alpes-Maritimes, n'a obtenu la plus petite faveur du gouvernement.

Voilà ce qui se passait dans les Alpes-Maritimes ; dans les autres départements les mêmes faits étaient observés.

Au point de vue général, il procédait de la même manière. Tous les emplois importants du ministère, étaient occupés par des bonapartistes ou des hommes dévoués aux autres branches monarchiques. Il accueillait avec empressement des hommes tels que Girardin, de la Guéronnière, le duc de Rivoli ; il donnait de hauts emplois à Steenackers, orléaniste enragé ; Détroyat, ancien plébiscitaire ; Loverdo, ami de Bonaparte ; et autres gens de la même clique, tous ennemis acharnés de la République. Et, comme pour établir la compensation, il repoussait les républicains éprouvés, qui avaient les plus grandes difficultés à pénétrer dans son cabinet. D'eux d'entr'eux, qui s'obstinaient à rester auprès de lui, pour le pousser et lui reprocher ses procédés, l'ennuyaient passablement. Il voulait à tout prix les éloigner ; mais ces honnêtes citoyens refusaient tous les emplois qu'il leur offrait. Ils étaient indignés des procédés du ministre ; car ils voyaient qu'il nous menait directement à la défaite par les Prussiens et à la perte de la République par les monarchistes. Ces deux hommes étaient Dupont et Cuisinier.

La ligue du Midi s'était constituée. Formée d'honnêtes républicains, elle était comme la pépinière où Gambetta pouvait prendre des coopérateurs résolus et désintéressés. Ces ligues protestaient, comme c'était non seulement leur droit, mais leur devoir, contre la conduite du ministre; le modeste Gambetta s'empressait de les combattre, de les dissoudre, et il insultait une députation envoyée auprès de lui par l'une d'elles, celle du Midi.

Un Américain riche et courageux, le citoyen Train, venait offrir son concours personnel et sa bourse à la defense nationale. Gambetta le faisait arrêter et emprisonner. Le préfet de Marseille Esquiros avait le malheur d'être honnête et de faire de la République; le ministre le frappait de destitution et nommait, à sa place, Gent, homme besogneux, qu'il savait plus accommodant avec les partis riches et monarchistes. Aussi la défense nationale et les élections à Marseille donnaient-elles le meilleur résultat : néant comme armée, réaction comme élections.

Ah! j'en ai eu de la confiance en Gambetta! J'ai même eu de l'admiration pour cet homme. Mais j'ai été cruellement déçu, et tous ceux qui pensaient comme moi ont éprouvé la même douleur en assistant à nos désastres et aux atteintes portées à la République. On peut dire que tous les vrais républicains protestaient contre la conduite de Gambetta; pour tous, il était jugé; il avait failli à sa tâche et nous ne le reconnaissions plus comme un des nôtres. Cela est si vrai que lorsque les élections furent arrêtées et fixées vers le 29 ou 30 janvier, une séance de l'association républicaine eut lieu pour décider s'il convenait d'accepter les élections et d'envoyer des représentants à Bordeaux, ou s'il était préférable, au contraire, de choisir des hommes résolus et de les déléguer auprès du gouvernement pour l'aider à soutenir la lutte à outrance? Une vive discussion eut lieu à ce sujet; convaincu que j'étais que l'assemblée qui sortirait des élections voterait la paix à n'importe quelles conditions, et partisan de la guerre à outrance, je me prononçai en faveur des délégués. J'étais appuyé par G... et M... Combattu par G..., G... et B..., etc., nous proposâmes de part et d'autre des ordres du jour. Le vote fut favorable à la proposition de nos adversaires. Nous demandions, nous, la guerre à outrance, et nous déclarions que c'était le seul moyen de ne pas subir une paix honteuse. Nos adversaires nous combattaient avec cet argument qui, aux yeux de tout le monde, avait la plus grande valeur : «qu'il fallait être dix fois fou pour continuer à avoir confiance en Gambetta. » C'était d'ailleurs, à cette époque, le sentiment de tous les républicains : cet homme était reconnu incapable, et il devait disparaître.

On sait ce que fit Gambetta pour s'opposer aux élections ; on sait également comment il procéda pour faire échec aux monarchistes de tous les camps et obtenir des élections républicaines. Il était trop tard. Ne pouvant réussir dans cette tentative, il envoya dans tous les centres importants des émissaires pour provoquer l'envoi à Bordeaux de délégués au lieu de députés. (A Nice, il envoya un nommé Arlaud, qui fit des discours pendant deux jours afin de nous convaincre.) Une pareille tentative devait échouer. A peu près partout on s'étonna que Gambetta, qui avait dissous les ligues du Midi et du Sud-Ouest, composées de délégués envoyés par différents comités républicains, tentât de les faire revivre par un moyen détourné. Le ministre reconnaissait ainsi ses fautes, mais il avait perdu ses partisans. Pendant longtemps on avait cru à son talent, et on s'apercevait que les apparences avaient caché la réalité : l'homme était nul, et à la place du républicain patriote qu'on avait cru, il n'y avait qu'un immense ambitieux.

Lorsque la Chambre des députés fut en quelque sorte balayée, le 4 septembre, et l'Empire renversé, qui fit cette révolution ? A qui doit être attribuée la chute de Bonaparte et la proclamation de la République? Est-ce aux députés de la gauche ou de l'opposition? Non. Cette grande chose est l'œuvre de quelques gardes nationaux et des citoyens courageux de Paris. A la suite de cet événement, qui n'avait pas donné beaucoup de peine aux Favre, aux Gambetta et Cⁱᵉ, nous voyons ces hommes s'emparer du pouvoir. Bien qu'ils étaint à peu près connus comme fort peu républicains, on pensait qu'ils se montreraient à la hauteur de leur tâche. Je tiens à bien préciser qu'ils ont accaparé le pouvoir. C'était une raison de plus pour se montrer dignes de la confiance qui leur était accordée en le leur laissant exercer. Ils étaient loin de la mériter cette confiance. Mais je passe rapidement. Toutefois, je tiens à établir que personne ne les avait priés de prendre le pouvoir; de leur propre autorité ils s'étaient associés pour constituer un gouvernement qui avait pour objet de sauver la France et de fonder la République.

Des gens honnêtes et de bon sens, en acceptant une

pareille tâche, se seraient certainement posé cette première question : « Peut-on vaincre les Prussiens ? » Si non, ils ne devaient pas composer un gouvernement qui devait perdre et la France et la République. Si oui, ils devaient accomplir leur programme ou succomber à la tâche.

Je ne veux pas m'appesantir sur ce qui s'est fait à Paris ; comme en province, on a eu peur des vrais républicains, et on a surtout pensé à les combattre. On le voit, en ce moment, en assistant à la lutte gigantesque des Parisiens, qui prouvent qu'ils pouvaient briser les lignes prussiennes. Mais je veux surtout parler de ce qu'a fait Gambetta, ou plutôt de ce qu'il n'a pas fait.

Son seul acte qui mérite de fixer l'attention d'une manière favorable est d'avoir quitté Paris en ballon, et de s'être ainsi exposé pour venir en province. Je ne veux pas dire, comme beaucoup de gens, qu'en homme roué, Gambetta savait que les dangers qu'il courait en ballon n'étaient pas plus grands que ceux qui menaçaient les assiégés ; mais je me permets de penser que l'ambition qui le portait à venir faire de la dictature en province pouvait entrer pour une large part dans sa résolution.

Quoi qu'il en soit, du jour de son débarquement à Tours, il ne fait que des sottises, il commet faute sur faute. C'est à partir de son arrivée que les ligues sont combattues, traquées et plus tard dissoutes. On était à peu près entré dans la voie des réformes justes et impérieuses ; tout s'arrête de par la volonté de Gambetta, qui veut faire ce qu'il appelle de la conciliation avec les anciens partis. Il frappe tous les républicains et accueille à bras ouverts les bonapartistes et autres. Une telle politique devait porter ses fruits. La Chambre actuelle en offre un spécimen.

Dès le mois d'octobre, le 28, je déclarais que notre République était malade, et j'accusais Gambetta et ses préfets de travailler à sa destruction [1]. Ce n'est donc pas après coup, ce n'est pas en face d'événements accomplis que je porte un jugement ; je juge à l'avance, je pressens les événements et je les annonce : je me fais prophète. Dans cette circonstance, j'ai donc été un prophète de malheur, puisque j'ai annoncé de tristes événements ; mais pour moi ils étaient inévitables.

Après cela, qu'on ne vienne pas me dire que Gambetta est un grand homme ; qu'il a beaucoup fait pour le salut de la patrie et que, s'il n'a pas obtenu de meilleurs résultats, c'est qu'il n'a pas été secondé. Ce sont là des mots. Si Gambetta n'a pas été secondé, c'est

---

(1) Voici ce que j'écrivais dans une brochure, à cette date :
« A mon sens, la durée de la République n'est donc rien moins que certaine. Ses ennemis les plus à craindre sont les plus haut placés. Ils compromettent la République par leur faiblesse ou leur incapacité ; et si les événements que j'indique se produisent, c'est-à-dire si une restauration est décidée par l'Assemblée nationale, ou s'il y a des troubles, toute la responsabilité leur incombera. Je la fais remonter jusqu'aux ministres cette responsabilité, et ils auront à l'asmer avec leurs préfets. Je considère comme ennemis de la République, non pas seulement ceux qui l'attaquent et veulent la détruire, mais encore et surtout ceux qui ont entrepris la tâche de la défendre et de la consolider, et qui, par leurs actes, tendent vers un résultat contraire. A ce titre, les ministres et les préfets sont les plus grands ennemis de notre République de 1870. »

(Voir la brochure publiée à Antibes, chez Marchand.)

qu'il ne pouvait pas l'être : c'était contraire au bon sens et à la logique, que d'attendre du dévouement et de l'inspiration d'hommes qui avaient intérêt à ce que nous fussions battus et à ce que la République sombrât. Tout ce qui s'est passé doit lui être imputé ; et si ses collaborateurs doivent avoir une part dans la responsabilité, la plus forte doit être imputée à Gambetta, cet ambitieux effréné, qui n'a jamais été qu'un faux grand homme !

Si, maintenant, nous examinons les choses à un autre point de vue, nous trouvons des griefs bien autrement sérieux à mettre sur le compte du dictateur cahortin.

Eh quoi ! sous l'Empire, alors que les intendants étaient dévoués à ce gouvernement, qui les rétribuait si généreusement, alors que nos arsenaux étaient pleins (autant qu'ils pouvaient l'être sous un gouvernement aussi imprévoyant), nos magasins et nos parcs d'approvisionnement abondamment fournis, que nos voies de communication étaient intactes, que le télégraphe fonctionnait sur tous les points du territoire, que la machine administrative possédait tous ses rouages, alors que, en un mot, les choses étaient dans les meilleures conditions, nous avons vu que ces hommes (les intendants) étaient au-dessous de leur tâche, qu'ils laissaient manquer de vivres et de munitions nos soldats ; quand nous avons vu tout cela, c'est-à-dire leur incapacité, conçoit-on que ces mêmes hommes aient pu être conservés par Gambetta ? Comprend-on que, lorsque nos magasins étaient vides, que les arsenaux étaient épuisés, que nos routes et nos chemins de fer étaient coupés, que le pays était envahi par l'ennemi, que le service, en un mot, était mille fois plus difficile, comprend-on qu'on ait pu conserver les mêmes hommes pour le faire? C'était insensé! Et si une chose devait fatalement se constater, c'était l'insuffisance, que dis-je l'insuffisance? l'incapacité de ces administrateurs. Le contraire eût pu surprendre, mais leur incapacité était à prévoir, elle était certaine.

Cependant Gambetta a maintenu ces mêmes hommes, et s'il leur a adjoint des aides, il l'a fait par des choix des plus malheureux, témoin le sous-préfet de Puget-Théniers, absolument incapable à tous les points de vue et qui n'avait pas même su gérer ses propres affaires. La conservation des intendants de l'Empire et la nomination des anciens sous-préfets de ce triste règne, pour les seconder, constituent donc deux énormes fautes.

Le grand problème a résoudre pour organiser la défense nationale était le suivant :

Etant donnée une France corrompue, égoïste au suprême degré, et où chaque individu ne pense qu'à s'enrichir par n'importe quel moyen pour jouir, où chaque personne ne pense qu'à la conservation de sa peau et se soucie fort peu de sa patrie; dans de telles conditions, c'est-à-dire un pays sans patriotisme, quels moyens convient-il d'employer pour former des armées? Doit-on faire appel à la bonne volonté qui n'existe pas? Ou bien doit-on user de la force pour faire partir les hommes? Telle est la question?

Ce problème posé — et il fallait qu'il le fût — comment Gambetta l'a-t-il résolu? Il s'est adressé au patriotisme. De deux choses l'une : ou Gambetta savait qu'il n'y en avait pas chez nous, ou il l'ignorait. Dans le premier cas, il était ou insensé en comptant que des magnifiques phrases le feraient naître, ou traitre en employant un moyen qu'il savait ne pas devoir produire de résultats. Si, au contraire, Gambetta ne connaissait pas notre égoïsme ; s'il pensait qu'il y avait du patriotisme chez nous, c'est qu'il ne connaissait pas la France, c'estqu'il ne connaissait pas son pays : il était un ignorant, un incapable, et c'est mon avis. Ce ministre n'a jamais été qu'un présomptueux et un vaniteux. Quand il avait fait un discours, il se figurait avoir sauvé la France. Il était comme Bonaparte et ses ministres, qui l'agrandissaient en 1866 et 67, par des discours, par des circulaires Lavalette, par des théories sur les trois tronçons, et cela pendant que Bismark nous rapetissait en s'agrandissant, puisque tout est relatif ici-bas, et qu'on n'est grand que parce que ses voisins sont petits, Gambetta était donc incapable, et c'est le jugement que tout homme de bon sens est obligé de porter sur son compte. C'est un jugement que je porte, moi républicain radical, et que l'histoire ratifiera.

Nice, le 7 avril 1871.

RESPONSABILITÉ

des Hommes du Gouvernement de la Défense nationale

———

Note écrite le 27 novembre 1870
et envoyée à Marc Dufraisse à la fin du mois de janvier 1871

La responsabilité des ministres pourra être d'une gravité extrême si les événements qui se produisent en ce moment ne sont pas favorables à la France. En ce qui me concerne, je suis fermement résolu, dans le cas où le résultat de la guerre ne nous serait pas favorable, à en imputer la faute aux membres du gouvernement de la défense nationale.

Ces hommes, en effet, sont restés au-dessous de leur tâche. Ils n'ont pas compris qu'aux grands maux il fallait les grands remèdes ; qu'aux situations exceptionnelles il fallait des moyens exceptionnels ; que pour sauver la France, en un mot, il fallait non pas des paroles, mais des actes, et des actes révolutionnaires. Vouloir faire de la conciliation avec des éléments corrompus, c'était vouloir prendre la lune avec les dents. Il n'y avait donc pas à compter avec les créatures pourries et dégradées de l'Empire : on devait procéder sans en tenir compte.

Si les ministres eussent été des hommes capables, il

leur était posssible d'organiser la défense nationale en six semaines, et de mettre, pendant ce laps de temps, deux millions de soldats parfaitement armés et équipés sous les armes. Or, la République a été proclamée le 4 septembre; six semaines après, c'est-à-dire le 19 ou le 20 octobre, cette formidable armée devait être prête à entrer en campagne. Pour réaliser cette œuvre gigantesque, voici comment il convenait de procéder :

Les hommes ne font point défaut en France : tout le monde est d'accord sur ce fait. Il s'agissait donc tout simplement d'en faire des soldats. En vertu des décrets pris par le gouvernement, les catégories appelées donnent pour le moins trois millions d'hommes. Sur ce chiffre, il fallait en armer et équiper, en six semaines, les deux tiers. C'était chose sinon facile, du moins possible; mais voici comment il fallait agir :

Dans chaque département, il fallait placer un préfet énergique et franchement républicain, auquel vous donniez de pleins pouvoirs pour organiser la défense et pour administrer. En même temps, une répartition en proportion de la population du département, des hommes à appeler, devait être faite. En entrant en fonctions, le préfet connaissait donc le nombre d'hommes que son département avait à fournir à la défense nationale.

Le premier acte du préfet était de se débarrasser des hommes les plus compromis sous Bonaparte, qui ont intérêt à ce que nous soyons battus, et à s'assurer le dévouement des autres. Rien de plus facile aujourd'hui que les hommes sont devenus des machinnes agissant comme des girouettes selon la volonté des maîtres du jour. Sans perdre de temps, le préfet convoquait le conseil général pour lui faire voter une somme arrêtée d'avance pour suffire à l'équipement et à l'armement des hommes. Simultanément les conseils de révision procédaient à l'examen des mobilisés, et prenaient tout le monde en dehors des jeunes gens absolument incapables de servir.

Le conseil général votait ou ne votait pas les fonds qui lui étaient demandés. Dès maintenant je dis que tous les conseils s'empressaient de faire, en cette circonstance, acte de servilisme, sinon de patriotisme ; mais j'admets que le conseil du département, pour des raisons quelconques, refusait de se prêter à cette combinaison. Le même jour il était frappé de dissolution, et une commission dite de défense nationale, composées de républicains éprouvés, était appelée à siéger à la préfecture. Cette commission était chargée de voter les fonds demandés au conseil général, et de trouver le moyen de les obtenir.

Les fonds votés, un emprunt départemental était ouvert. S'il n'était pas couvert dans le délai fixé, il devenait forcé. Dans ce but, une répartition était faite selon les fortunes, et chaque individu était tenu de fournir la somme qui lui aurait été attribuée. S'il s'y refusait, ses immeubles étaient déclarés biens nationaux et vendus au profit de l'armement.

Avec ces moyens, l'argent n'aurait pas manqué, on peut en être sûr. Il y en a d'ailleurs beaucoup en France [1].

______

[1] Les deux emprunts relatifs : le premier à l'indemnité de guerre, le second à l'administration municipale de Paris, ont prouvé que je ne me trompais pas quand je disais que la France avait beaucoup d'argent.

L'argent trouvé, des commissions multiples étaient nommées pour poursuivre l'armement avec la plus grande célérité. Les commissions étaient les suivantes :

1º Une commission chargée de l'acquisition et de la fabrication des armes. — Cette commission se serait divisée en deux sous-commissions, composées de trois membres chacune. L'une des sous-commissions se rendait à l'étranger pour acheter des armes à n'importe quelles conditions. Elle était composée de citoyens intelligents, courageux et connaissant les armes. Sa mission était difficile et ne devait prendre fin qu'après l'acquisition des fusils et des autres armes dont on avait besoin. L'autre sous-commission eût été composée d'hommes spéciaux, chargés de procéder, sur les lieux mêmes, à l'installation d'ateliers d'armement et de fabrication d'armes, soit fusils, soit canons. Elle trouvait des hommes capables pour transformer les fusils de chasse en armes de guerre [1]. Elle avait aussi pour mission de rechercher les armes chez les particuliers et d'en disposer à son gré.

2º Une commission, composée d'anciens officiers retraités, était chargée de procéder à l'instruction des jeunes gens mobilisés. Cette commission devait procéder avec la plus grande célérité.

[1] A Nice même, il s'est trouvé un modeste arquebusier du nom de Ceruti qui a modifié les anciennes armes de guerre d'une façon si ingénieuse, que le fusil transformé ne le cédait pour ainsi dire en rien au chassepot et comme rapidité et comme portée du tir. Cette modification ne venant pas d'un gros bonnet devait être repoussée par les ingénieurs de l'Empire qui siégeaient à la commission de défense.

3° Une commission était chargée de l'équipement des troupes.

Elle contenait dans son sein quelques tailleurs.

4° Une autre commission était chargée de prendre les mesures nécessaires pour le ravitaillement des troupes du département. Elle remplissait en quelque sorte les fonctions des intendants de l'armée.

Pour que ces mesures pussent être exécutées sans trop de difficultés, notamment l'acquisition des armes, tous les consuls de Bonaparte étaient changés et remplacés par des républicains honnêtes et dévoués. Les nouveaux consuls recevaient l'ordre d'aider, dans la plus grande mesure, à l'acquisition des armes de toutes espèces.

Tous ces services devaient être faits avec la plus grande rapidité. C'était chose possible avec des hommes énergiques, animés du vif désir de sauver la patrie.

Il est clair que les préfets de la République ne devaient guère avoir d'autre préoccupation que celle de la défense nationale.

Les fonctionnaires corrompus par l'ancien régime, et hostiles à la République, devaient être brisés sans pitié et sans explication. Ils étaient remplacés par des républicains éprouvés. Les levées devaient se faire en masse; nul, pas plus les fonctionnaires que les autres, ne devait en être dispensé. Les employés des différentes administrations étaient remplacés provisoirement par d'anciens serviteurs retraités, par des vieillards ou par des femmes.

L'instruction publique était confiée exclusivement aux hommes âgés de plus de 40 ans. Un peu plus de dévouement leur était demandé, et ils suppléaient ainsi à l'absence de leurs collègues. L'instruction primaire était confiée aux institutrices là où elles existent, aux curés dans les autres localités.